Fußballgeschichten für Erstleser
Tom Wengert

ISBN: 978-3-910457-01-0
1 . Auflage 2022

INHALT

VORWORT

Wiesenbruch war schon immer ein kleiner Ort, kurz vor den Toren einer großen Stadt gelegen. Dort läuft das Leben sehr idyllisch ab. Jeder kennt jeden und der Zusammenhalt im Ort ist immer groß. Man hilft sich gegenseitig, verbringt schöne Stunden zusammen.

Das gilt für Kinder und Erwachsene gleichermaßen, weshalb das Leben in Wiesenbruch für die meisten ein Glückliches ist.

Doch ist das Leben in Wiesenbruch auch ein großes Leben? Das kommt natürlich darauf an, um wessen Leben es geht.

Heute erzähle ich euch die Geschichte von Thomas. Thomas ist wie seine fünf Geschwister in Wiesenbruch geboren und inzwischen fünf Jahre alt. In einem Jahr kommt er in die Schule. Wie die anderen Kinder aus dem Ort freut Thomas sich auf dieses besondere Ereignis. Aber da hat er noch keine Ahnung, dass sich sein Leben von Grund auf in diesem einen Jahr ändern wird.

DER ERSTE KONTAKT MIT DEM BALL

Es war an einem schönen Nachmittag im August. Für einen Sommer war das Wetter in Wiesenbruch die ganzen letzten Wochen schlecht gewesen.

Aber an diesem Tag schien die Sonne und Thomas trieb es wie die anderen Kinder aus seiner Straße nach draußen. Die Kinder standen zusammen und überlegten noch, was sie spielen sollten. Da kam Marcel aus dem Nachbarhaus und in der Hand hielt er einen Fußball.

Die Kinder schauten ihn und den Ball neugierig an. Das Marcel sich für Fußball interessiert, wissen die meisten Kinder in Wiesenbruch. Schon Marcels Vater war ein bekannter Fußballer des Orts und Marcels großer Bruder hat es sogar geschafft für einen größeren Verein zu spielen.

Seitdem ist Marcel auch von diesem Gedanken angetan und möchte, auch wenn er erst fünf Jahre ist, unbedingt Fußballer werden. Wenigstens genauso erfolgreich wie sein Vater und sein Bruder.

Marcel kann auch schon ein paar kleine Tricks.

Und ehe Tomas es sich an diesem Nachmittag versah, hatte er seinen ersten Kontakt mit dem Fußball. Natürlich kannte er keine Regeln, aber das gemeinsame Spiel mit den anderen Kindern auf der wenig befahrenen Hauptstraße in Wiesenbruch hat großen Spaß gemacht.

Fast vier Stunden spielten Thomas, Marcel und die anderen zusammen Fußball, sodass es die Eltern ganz schön schwer hatten, die Kinder zum Abendessen in die Häuser zu holen.

Beim Abendbrot erzählte Thomas seinen Geschwistern und den Eltern ganz aufgeregt, „Ich habe heute Fußball gespielt und das hat so einen großen Spaß gemacht".

Thomas Vater, der jede Woche die Fußballbundesliga schaut, lächelt seinen Sohn an und fragt ihn: „Möchtest du jetzt öfter Fußball spielen und möchtest du das Spiel so richtig lernen"? Thomas schaut seinen Vater verunsichert an und fragt ihn: „Was meinst du mit richtig lernen"?

Thomas Vater erklärt seinem Jungen, dass Fußballspieler sein auch ein Beruf sein kann, dass der Weg dahin aber weit und schwer sein kann. Und er erklärt ihm, dass es Regeln gibt, an die sich alle halten müssen.

Thomas und sein Vater reden an diesem Abend noch lange über das Fußballspielen und kurz bevor Thomas die Augen zufallen, verspricht sein Vater ihm, sich nach einem richtigen Verein für ihn umzuhören.

Thomas schenkt seinem Vater ein glückliches Lächeln und seit dieser Nacht träumt er den Traum vom Fußballprofi. Ob er sich wohl erfüllt?

DAS ERSTE FUSSBALLTRAINING

Langsam wurde es Herbst in Wiesenbruch. Das Wetter wurde wieder schlechter und die größeren Kinder des Ortes gingen zur Schule. Thomas und seine Freunde hatten jedoch noch ein Jahr Zeit, bis es mit der Schule los ging. Langweilig war den Kindern jedoch nicht. Schließlich ist der Fußball in Thomas Leben getreten und hat von einem auf den anderen Tag vieles verändert. Nahezu jeden Tag spielten Thomas und die anderen auf der Straße.

Einmal war sogar Marcels großer Bruder Jonas dabei, der schon seit zwei Jahren in einem Verein kickte. Er zeigte den kleineren Kindern erste Tricks. Etwa, wie man den Ball am Fuß behält und ihn ins Tor schießt. Auch das Verwandeln von Elfmetern wurde geübt und es dauerte nicht lange, bis Thomas sich immer sicherer im Umgang mit dem Ball fühlte. An einem Dienstagabend, es muss Ende Oktober gewesen sein, kam Thomas vom Fußballspielen nach Hause und da hatte sein Vater eine Überraschung für Thomas. Das Einzige, was Thomas wunderte war, dass Marcel und sein Vater auch am Abendbrottisch Platz genommen hatten.

Marcel hatte aber beim Spielen gar nicht erzählt, dass er zum Essen kommen würde. Als Thomas seinen -Freund sah, bemerkte er, dass dieser genauso überrascht war wie er selbst.

Zunächst tischte Thomas Mutter sein Lieblingsessen auf den Tisch, Nudeln mit Tomatensauce natürlich.

Als alle beim Nachtisch, Vanilleeis mit frischen Erdbeeren aus dem Garten, angekommen waren schauten die beiden Väter sich an und rückten endlich mit der großen Überraschung heraus. In einem kleinen Nachbarort von Wiesenbruch, in Ehrental gibt es einen Fußballverein, der neue Spieler sucht.

Beim Ehrentaler SV handelt es sich um einen Sportverein, der Kinder schon ganz jung an das Spiel mit dem Ball heranführen will. Dort lernen die Kinder, wie sie mit dem Ball umgehen, was es heißt, in einer Mannschaft zu spielen und wie es ist regelmäßig und langfristig hart zu trainieren.

Es dauerte eine Weile, bis Thomas und Marcel ihr Glück fassen konnten. Sie fielen ihren Vätern um den Hals und zählten die nächsten sieben Tage. Dann war es nämlich so weit und das allererste richtige Fu0ßballtraibnibg im Leben von Thomas und Marcel fand statt.

Eine Woche später, es war wieder Dienstag und inzwischen schon November fuhr Thomas Vater seinen Sohn und dessen besten Freund mit dem Auto rüber nach Ehrental.

Die Fahrt dauerte nur wenige Minuten, aber den beiden Jungs kam sie ewig vor. Nun standen viele aufregende Momente auf dem Programm.

Zum einen konnten Thomas und Marcel ihre neuen Fußballtrikots und Fußballschuhe anziehen, die die Eltern in der vergangenen Woche mit ihnen gekauft haben.

Zum anderen lernten sie nun richtig Fußball spielen. Thomas Vater verabschiedete sich von den beiden Jungs und übergab sie dem Trainer.

Dieser kam auf die beiden zu, schüttelte ihnen die Hand und sagte: „Ich bin der Bernd, ich bin dafür zuständig, die kleinen Jungs in unserem Verein zu richtigen Fußballern auszubilden“.

Thomas und Marcel waren sehr aufgeregt und auch ein wenig schüchtern. Was würde sie erwarten? Wie waren die anderen Kinder? Was ist, wenn die schon viel besser spielen können?

Es dauerte jedoch nicht lange und Thomas und auch Marcel konnten die Ängste ablegen. Bernd sagte: „Kommt, ich stelle euch den anderen Kindern vor“. Ehe Thomas sich versah, stand er in seinem neuen Trikot und ins einen Fußballschuhen auf einem richtigen Fußballplatz. Um ihn herum standen viele andere aufgeregte Kinder, die nicht viel älter waren als er selbst. Ein vielleicht zwei Jahre älterer Junge kam auf Thomas und Marcel zu. Er sagte: „Ich heiße Sebastian, ich spiele schon zwei Jahre hier im Verein und beim ersten Mal war ich genauso aufgeregt wie ihr beide jetzt“.

Unweigerlich mussten Thomas und Marcel lachen. Und dann begann das erste Fußballtraining. Zunächst ging es darum den Körper aufzuwärmen. Thomas und die anderen rannten einige Runden um den Platz.

Auch die Beine wurden mit verschiedenen Übungen, die Thomas noch nie gesehen hatte aufgewärmt. Nebenbei erklärte der Trainer Bernd den neuen Trainingsteilnehmern, warum es wichtig ist, die Muskeln aufzuwärmen.

„Ihr könntet euch schwere Verletzungen einhandeln, wenn eure Muskeln nicht vor dem eigentlichen Training aufgewärmt werden“. Thomas nahm all diese Informationen voller Spannung in sich auf. Für einen Moment dachte er: „So muss es wohl in der Schule sein“.

Nach dem Aufwärmen kam aber doch noch ein Fußball ins Spiel. Ein paar Pässe wurden zwischen den Jungen hin und her gespielt und Bernd prüfte einige Spieler auf ihr Abwehrverhalten. Dann war plötzlich Thomas an der Reihe.

Er stand da, der Ball kam auf ihn zu und er währte ihn mit dem linken Fuß ab, als hätte er das schon hunderte Male gemacht. Als die Jungs sich nach dem Spiel duschten und umzogen plapperten in der Umkleidekabine alle durcheinander. Als Thomas aus der Kabine kam hörte er, wie Bernd zu seinem Vater sagte: „Thomas hat heute seinen ersten Ball abgewehrt, das sah schon richtig gut aus“. Thomas Vater lächelte und Thomas selbst fühlte sich stolz und glücklich. Auch am Abend zuhause war er noch aufgeregt.

Er erinnert sich nicht nur an das erste Training, sondern auch an seinen ersten Muskelkater, den er am nächsten Tag hatte. Von nun an ging Thomas regelmäßig zum Fußballtraining. Mal fuhr sein Vater, mal Marcels Vater die beiden zum Training.

Auch mit den anderen Kindern verstand sich Thomas immer besser. Er lernte schnell, so sagte es auch Bernd sein Trainer und er stellt sich immer in den Dienst der Mannschaft.

Nachdem Thomas schon ein halbes Jahr im Verein trainierte, fragte ihn sein Vater: „Und macht dir das Training Spaß“?

Thomas lachte begeistert und sagte: „Ja, Papa, Beim Fußball kann man sich bewegen, man lernt Kunststücke mit dem Ball anzustellen. Aber am besten gefällt mir, dass man das Spiel gemeinsam genießen kann.

Man kämpft zusammen um einen Ball, man freut sich gemeinsam, wenn ein Mitspieler ein Tor macht, und man tröstet sich, wenn einem ein Pass nicht gelungen ist“.

Thomas Vater strich seinem Sohn sanft über den Kopf und meinte: „Ich bin stolz auf dich mein Sohn und es freut mich, dass es dir immer noch so viel Spaß macht“.

EINE NEUE FUSSBALLSAISON BEGINNT

Inzwischen ist etwas Zeit vergangen. Thomas lebte immer noch in Wiesenbruch, inzwischen besuchte aber seit einem halben Jahr die Schule. Schnell stellte er fest, dass ihm das Lernen in der Schule ähnlich leicht fiel, wie das Fußballspielen. Auch dort lernte er neue Mitschüler kennen und es vergingen viele Nachmittage, an denen gemeinsam auf der Straße gekickt wurde.

Das Training im Verein in Ehrental machte Thomas immer noch dreimal in der Woche mit und er wurde immer besser. Einmal sagte Bernd sogar über ihn, dass Thomas viel Talent habe und dass das noch mehr gefördert werden würde.

An einem Nachmittag im Mai nahm Bernd Thomas zur Seite und fragte ihn: „Kannst du dir schon vorstellen, regelmäßig für unseren Verein zu spielen? Bald beginnt eine neue Saison und es wird Zeit, die Mannschaft aufzustellen. Du bist einer meiner besten Mittelfeldspieler und ich hätte dich gern bei den Ligaspielen dabei".

Thomas konnte gar nicht glauben, was er da von seinem Trainer hörte. Schon nach anderthalb Jahren mit vielen Trainingseinheiten und ziemlich viel Muskelkater sollte er, der kleine fast siebenjährige Thomas richtig in einem Verein spielen dürfen.

Thomas dachte nicht lange über die Antwort nach und sagte zu. Am 1. Juli begann die neue Saison beim Ehrentaler SV.

Jede Woche gab es nun ein Fußballspiel entweder zuhause im Ehrentaler Sportpark oder in den Nachbarorten. Thomas machte seine ersten Tore. Er feierte seine ersten Siege und tröstete seine Mannschaftskollegen, wenn Ehrental einmal nicht gewonnen hat.

Die Jungen genossen die Zeit im Verein. Nicht nur auf dem Platz wurden sie schnell Freunde. Wie halfen sich auch bei den Schularbeiten und luden sich gegenseitig nach Hause ein.

Thomas fand einige neuen Freunde in der Zeit beim Ehrentaler SV, wo er bis zu seinem 12. Lebensjahr Fußball spielte.

Dann war es Zeit für eine neue Herausforderung im Leben und für den nächsten Schritt in Thomas Fußballkarriere.

„Wenn Du nicht glaubst, dass Du es kannst, hast du keine Chance."

FERIEN EINMAL ANDERS: UNTERWEGS INS FUSSBALLCAMP

Sechs Jahre waren inzwischen vergangen. Woche für Woche spielte Thomas für seinen Heimatverein den Ehrentaler SV. Es machte ihm immer noch genauso viel Spaß wie am ersten Tag. Doch einige Wochen, bevor das sechste Schuljahr sich dem Ende neigte, kam Trainer Bernd nach dem Fußballtraining auf Thomas zu und sagte, dass er etwas mit ihm besprechen müsse.

Thomas wunderte sich noch, was das denn sein könnte. Bernd erklärte ihm, dass er jetzt alle Jugendabteilungen im Verein durchlaufen hätte und dass es nun Zeit wäre, den nächsten Schritt in Anspruch zu nehmen. Er sagte ihm weiterhin, dass er sehr begabt sei und dass er die Möglichkeit habe, eine professionelle Fußballkarriere anzustreben.

Diesen Satz hörte Thomas nicht zum ersten Mal. Viele seiner Mitspieler schwärmten für sein Ballgefühl und nicht selten gab es nach einem Spiel mit dem Verein einen Artikel in der örtlichen Zeitung.

Manchmal war sogar ein Bild von Thomas zu sehen. Auch Thomas Vater hatte in den vergangenen Monaten schon öfter mit Thomas darüber besprochen und ihn gefragt, ob er professionell Fußball spielen möchte. Seitdem Thomas im Alter von fünf Jahren zum ersten Mal gegen den Ball getreten hatte, träumte er davon einmal in einer guten Liga, in einem guten Verein zu spielen und er konnte sich auch vorstellen, einmal mit Fußball sein Geld zu verdienen.

Nun war es endlich so weit und er hatte es tatsächlich geschafft diesen Schritt zu gehen. Aber richtig glücklich war Thomas trotzdem nicht. Bernd sah ihm das gleich an und fragte: „Was ist denn los? Möchtest du denn kein Profispieler mehr werden? Nicht viele Jungen würden diese seltene Chance bekommen“. Thomas wusste im ersten Moment gar nicht, was er darauf erwidern sollte. Er sagte: „Doch ich möchte immer noch Profispieler werden und ich weiß, dass das eine einmalige Chance ist.

Dennoch, es würde sich vieles ändern und die Zeit in Ehrental wäre endgültig vorbei“.

Noch etwas schwirrte Thomas im Kopf herum. Sein bester Freund Marcel, den er schon seit Kindertagen kannte, dessen Bruder und Vater ebenfalls Fußball spielten, kam nicht für eine Profikarriere infrage. Natürlich würden sie Freunde bleiben und Marcel hatte mehrmals gesagt, dass er es Thomas gönnt.

Dennoch sie waren seit sieben Jahren immer zusammen zum Training gegangen.

An den trainingsfreien Tagen hatten sie zusammen auf der Straße gespielt und auch die gemeinsamen Spiele im Verein waren immer etwas ganz Besonderes für beide gewesen. Thomas erzählte seinem Trainer von diesen Sorgen. Bernd hatte Verständnis dafür.

Er sagte aber auch: „Du und Marcel ihr könnt doch trotzdem noch gute Freunde bleiben und wenn du professionell Fußball spielst, lernst du auch viele neue nette Leute kennen, die auch zu Freunden werden können“. So was Ähnliches hatte sein Vater auch schon gesagt.

Dann hatte Bernd noch eine Überraschung für Thomas. Er sagte: „In den Sommerferien findet ein professionelles Fußball-Camp statt. Dort werden Talente gesichtet. Sogenannte Scouts kommen von großen Vereinen, nicht nur aus der Region, sondern auch aus anderen Städten in Deutschland“.

Er betonte weiter: „dort spielt ihr noch professioneller, ihr könnt verschiedene Testspiele gegen Mannschaften, die schon länger im Vereinsfußball unterwegs sind, spielen“ „Und wenn du großes Glück hast, findest du einen Verein, der dich professionell engagierst“. Thomas war verdutzt und fragte: „Aber ich muss doch noch die Schule zu Ende machen“. „Natürlich musst du die Schule zu Ende machen und das sollst du auch“, sagte Bernd. Er erklärte Thomas aber weiterhin, dass es dafür die Möglichkeit gäbe, ein Fußballinternat zu besuchen.

Dort wird beides gleichermaßen gefördert, ein intensives Fußballtraining, viel intensiver, als es in Ehrental möglich ist und die Schule kommt natürlich auch nicht zu kurz. Davon hatte Thomas noch nie etwas gehört. Wieder dachte er an seine Freunde, an Marcel, an die Jungs in seiner Straße, die er schon so lange kannte. Bernd sagte: „du kannst dir das Trainingslager erst einmal ansehen und wenn es dir gefällt, kannst du dich ja immer noch entscheiden, den professionellen Weg zu gehen“.

Thomas entschied sich dafür und mit Beginn der Sommerferien stand er mit einem großen Rucksack auf dem Rücken am kleinen Bahnhof von Wiesenbruch. Nun ging sie also los, die Reise in die große weite Welt. Zumindest war diese Welt deutlich größer, als Thomas sie von Wiesenbruch oder Ehrental kannte. Das Fußball-Camp sollte drei Wochen der Sommerferien dauern. Thomas wusste zwar nicht, was ihn erwartete, er freute sich aber darauf und aufgeregt war er auch. Dort angekommen machte er eine doch ganz neue Erfahrung. Die Jungen, die alle ungefähr in seinem Alter waren, träumten den gleichen Traum wie Thomas.

Alle wollten ihr individuelles Fußballspiel verbessern und nützlich für eine Mannschaft sein. Natürlich träumten sie auch alle davon einmal die Meisterschaft zu gewinnen oder vielleicht sogar für das Nationalteam auf dem Platz zu stehen. Dies waren alles nur Träume und diese waren so weit weg. Im Trainingslager erwartete Thomas und die anderen jedoch viel Arbeit. Das Training war viel anstrengender als in der Heimat. Die Einheiten dauerten länger und viele Dinge wurden wieder und immer wieder geübt.

Die Trainer unter denen Thomas dort trainierte hatten andere Ansprüche, sie holten das letzte aus den Jugendlichen heraus, auch aus Thomas. Als das Camp vorüber war fuhr Thomas mit vielen neuen Eindrücken wieder nach Hause nach Wiesenbruch, um den Rest der Sommerferien mit seinen Freunden zu verbringen. Er war kaum in seiner Straße angekommen, da standen sie schon alle, Marcel und Sebastian und auch die anderen aus dem Verein. Sie hatten einen Fußball für Thomas gekauft und alle hatten unterschrieben. Thomas war den Tränen nahe.

Alle wollten ihr individuelles Fußballspiel verbessern und nützlich für eine Mannschaft sein. Natürlich träumten sie auch alle davon einmal die Meisterschaft zu gewinnen oder vielleicht sogar für das Nationalteam auf dem Platz zu stehen. Dies waren alles nur Träume und diese waren so weit weg. Im Trainingslager erwartete Thomas und die anderen jedoch viel Arbeit. Das Training war viel anstrengender als in der Heimat. Die Einheiten dauerten länger und viele Dinge wurden wieder und immer wieder geübt.

"Das Runde gehört ins Eckige!"

DER ERSTE RÜCKSCHLAG: DIE ERSTE VERLETZUNG

Als Thomas 15 wurde entschloss er sich den großen Schritt zu gehen. Er wechselte auf ein bekanntes Fußball-Internat, wo er einerseits die Schule zu Ende machen konnte und andererseits ein richtig guter Fußballspieler werden konnte.

Der Abschied von seiner alten Heimat und vor allem von seinen alten Freunden fiel ihm schwer. Viele Tränen wurden vergossen und vor allem seinen besten Freund Marcel wollte Thomas am Bahnhof gar nicht mehr los lassen.

Aber auch auf dem Fußball-Internat gibt es Ferien sagte Thomas zu Marcel und dann besuchen wir uns. Während der Fahrt ins Internat konnte Thomas an gar nichts anderes als an seine Traurigkeit denken. Damals wusste er aber noch nicht, dass es durchaus noch trauriger ging. Nach ein paar Wochen auf dem neuen Internat stellte Thomas zunächst fest, dass es kaum noch Freizeit gab. Das Leben bestand aus Schule, Hausaufgaben und aus Fußball. Dieses Gefühl blieb jedoch nicht lange. Viel zu groß waren die Abenteuer, die Thomas dort erlebte.

Er lernte viele neue Spieler kennen, Spieler, die vielleicht sogar noch besser mit dem Ball umgehen konnten als er selbst. Das spornte ihn jedoch an und Thomas trainierte fleißig, bis er nach wenigen Monaten zum ersten Vereinsspiel der Jugendmannschaft mitgenommen wurde. Dort machte er eine gute Figur und auf das erste Spiel folgten viele weitere. Kurz vor seinem 17. Geburtstag fühlte es sich für Thomas jedoch so an, als hätte sich die Welt gegen ihn verschworen.

Seine Oma hatte sich ein Bein gebrochen und die Eltern mussten helfen, Thomas ältere Geschwister führten ihr eigenes Leben. Er konnte also nicht nach Hause fahren, um Wiesenbruch mal wieder einen Besuch abzustatten. Das schmerzte ihn sehr. Als wenn das nicht genug wäre, schnitt er bei einer Prüfung in der Schule nicht so gut ab, wie er es sich vorgenommen hatte. Es sollte jedoch noch schlimmer kommen. Es war an einem Sonntagnachmittag Ende Juli. Thomas und ein paar Freunde aus dem Fußball-Internat hatten ein Vereinsspiel beim Lokalrivalen in derselben Stadt.

Wie Thomas aus den vergangenen Jahren wusste, hatten diese Spiele immer besonders viel Brisanz in sich. Dort ging es weitaus ruppiger zu als in Ehrental. Auch der Zusammenhalt war anders. Er war vorhanden, aber mit Freunden aus Kindertagen feiert man Siege wohl anders zusammen. Dennoch hatte sich Thomas auf das Spiel gefreut. Vor allem auf die Zeit danach, denn abends gab das Fußball-Internat, auf dem er nun schon seit zwei Jahren lernte, ein Sommerfest.

Auf dieses Fest sollte Thomas an diesem Abend jedoch nicht mehr gehen. Bei diesem entscheidenden Spiel war ein Talent-Scout eines Vereins aus der dritten Liga zu Gast. Das war Thomas große Chance, von der er nun schon so lange geträumt hatte. Doch dann kann die 45. Minute. Es war kurz vor der Halbzeitpause und sein Team führte knapp mit 1 zu 0. Ohne die Einwirkung eines Gegners wollte Thomas den Ball zu seinem Mitspieler geben und stolperte dabei unglücklich über seine eigenen Füße. Er fiel auf den Rasen, sein Bein tat ihm unbeschreiblich weh.

Das Spiel wurde unterbrochen und Thomas blieb einfach liegen. Er war in den vergangenen Jahren schon oft beim Kicken hingefallen. So manche Blessur hatte er sich dabei schon zugezogen. Aber die Schmerzen, die er an diesem Sonntag in seinem Knie spürte, hatte er bis dahin noch nicht gekannt. Anstatt am Abend auf dem Sommerfest zu feiern und mit den Jungs aus dem Team über das Spiel zu sprechen, lag Thomas im Krankenhaus.

Jetzt hatte nicht nur seine Oma ein verletztes Bein, nein Thomas hatte einen Kreuzbandriss. Thomas spielte schon lange genug Fußball, um zu wissen, dass diese Verletzung zwar nicht unheilbar war, dass es aber unter Umständen viele Monate dauern würde, bis er sich wieder erholt. Ob ihn dann noch ein Verein professionell verpflichten wollte? Er hatte sich schon ausgemalt, wie es ist, nach Wiesenbruch zurückzukommen und stolz von seinem ersten Profivertrag zu berichten. An diesem Sonntag waren alle Träume für Thomas ausgeträumt.

FÜNF JAHRE SPÄTER

Thomas ist inzwischen ein junger Mann von 22 Jahren. Seitdem er sich für das Fußballspielen entschieden hatte, hatte sich in seinem Leben vieles verändert. Es waren jedoch vor allem die letzten fünf Jahre, die ihm Vieles abverlangten. Da war dieser Kreuzbandriss, den er sich vor fünf Jahren zugezogen hatte. Thomas hatte an diesem Tag nicht einmal Lust jemals wieder gegen den Ball zu treten.

Seine Hoffnungen waren verschwunden. Als er sich jedoch einige Wochen in der Reha befand, um die Verletzung auszukurieren bekam er unverhofften Besuch. Sein bester Freund aus Kindheitstagen Marcel stand plötzlich in der Rehaklinik.

Die beiden waren nun keine Kinder mehr und für Marcel waren inzwischen auch andere Dinge so wichtig, wie Thomas der Fußball. Als Marcel jedoch von Thomas schlimmer Verletzung erfahren hatte, reichte er bei seiner Ausbildungsstelle ein paar Tage Urlaub ein und fuhr seinen - Freund in der Spezialklinik besuchen.

Thomas war überglücklich und für die paar Stunden, die Marcel blieb, fühlten sie sich wieder wie die beiden fünfjährigen Jungs, die schon zusammen im Sand gebuddelt haben und zum ersten Mal Fußball gespielt haben. Sie redeten and diesem Tag viel über ihre Kindheit, aber auch über die Zukunft.
So ganz konnte Marcel dem Fußball jedoch nicht abschwören. Neben seiner Ausbildung im elterlichen Betrieb machte er eine zweite Weiterbildung zum Fußballtrainer.

Irgendwann wollte er so sagte er Thomas an diesem Tag, auch kleine Fußballer ausbilden. Als die beiden ein Eis zusammen aßen, wie in alten Zeiten fragte Marcel plötzlich: „Und was machst du jetzt? Spielst du weiter? Willst du es noch einmal versuchen? Du bist doch so gut".

Thomas lachte seinen Freund an und sagte: „Ach, Marcel, ich weiß es nicht. Diese Verletzung war ein harter Rückschlag. Allerdings bin ich ja noch jung und die Ärzte sind mit der Heilung zufrieden".

Marcel nahm Thomas in den Arm und sagte: „Weißt du noch, früher haben wir gemeinsam von einer Fußballkarriere geträumt. Ich war nie so gut wie du und hatte diese Chance gar nicht. Aber du Thomas, du bist doch immer noch talentiert und mit Mut und Fleiß kannst du es immer noch schaffen. Ich würde mich freuen, wenn du unseren gemeinsamen Traum weiterträumst“. Über diese Worte dachte Thomas während seiner Genesung ständig nach.

Die Worte seines Freundes rührten ihn und machten ihm tatsächlich Mut. Thomas beschloss sich zusammen zu reißen. Nachdem der Kreuzbandriss auskuriert war, machte er das Abitur auf dem Fußball-Internat und trainierte wieder regelmäßig. Und tatsächlich, als wäre es ein Wunder gewesen.

Es dauerte nur ein Jahr und Thomas war wieder in seiner alten Form. Es stand mal wieder ein Spiel beim Lokalrivalen an und wieder waren Talent-Scouts aus der dritten Liga zu Gast. Dieses Mal ging alles gut.

Die Mannschaft gewann das Spiel, Thomas blieb ohne Verletzung und es hatte tatsächlich ein Verein Interesse ihn zu verpflichten. Was jedoch das allerschönste war, an diesem Tag saßen nicht nur Thomas Eltern und zwei seiner Geschwister im Publikum. Auch Marcel war gekommen und beim Sommerfest ließen sie es dann alle gemeinsam richtig krachen.

Ich vertraue mir selbst!

DIE PROFI KARRIERE GEHT LOS: DER AUFSTIEG UND DER VEREINSWECHSEL

Im Alter von 22 Jahren war es endlich so weit. Etwas, was vor 17 Jahren auf der Straße von Wiesenbruch begann. Der einzige schöne Tag damals im August, wo Marcel einen Fußball mit zum Spielen mitbrachte. Nun 17 Jahre und eine schwere Verletzung später unterschrieb Thomas seinen ersten Profivertrag. Er hatte sich in den vergangenen Jahren durch einige Amateurvereine gekämpft.

Eines hatte Thomas sofort gemerkt. Bei den älteren Amateuren geht es anders zu als bei den Jugendteams in Ehrental oder auf dem Fußball-Internat. Der große Sieg ist noch wichtiger geworden und die Tatsache, dass man mit dem Kicken wirklich Geld verdienen kann, ist auch für Thomas immer wichtiger geworden. Dennoch hat er sich fest vorgenommen, irgendwann einen richtigen Beruf zu erlernen, vielleicht in einem Fernstudium.

Schließlich konnte man nicht sein Leben lang als Profifußballer arbeiten. Irgendwann war man einfach zu alt dafür. Aber jetzt fing Thomas Karriere erst an.

Eine ganze Saison, wo er mit seinem Verein quer durch Deutschland reiste. Wo er gegen Mannschaften spielen konnte, die er bislang nur aus der Zeitung oder aus dem Fernsehen kannte. Thomas dachte in seiner ersten Profi-Saison, dass das alles nur ein schöner Traum war.

Thomas wusste jedoch, dass es kein Traum war und dass nur harte Arbeit und ein fester Wille dazu geführt hatten, dass er jetzt bei den Profis mitspielen kann.

Fragt man Thomas heute, was ihm auf dem Weg am meisten geholfen hat, dann sagt er aus vollem Herzen: „Meine Willenskraft, meine Bereitschaft hart zu trainieren und das gute Gefühl, dass Familie und Freunde immer hinter mir stehen“. Mit den letzten Worten denkt Thomas auch noch heute an Marcel, mit dem er nimmer noch befreundet war und der inzwischen in Ehrental die fünfjährigen trainierte. Immer wenn Spielfrei ist und Thomas die Zeit dafür hat, dann fährt er zu den Spielen nach Ehrental, feuert die kleinen Fußballer an und genießt dieses Gefühl, was er doch selbst so lange gekannt hatte.

Immer wenn er die Heimatwieder verließ, holte ihn jedoch das Leben als Profi-Fußballer ein.

Dieses war nicht mehr so unbeschwert, es wurden andere Leistungen abverlangt, aber Spaß macht es trotzdem, wenn man einen Traum zum Leben erwecken konnte.

Alle Träume können wahr werden, wenn wir nur den Mut haben, ihnen zu folgen.

DAS ERSTE GROSSE SPIEL

Thomas spielt immer noch Fußball. Vielleicht wird er nie zum Weltfußballer des Jahres gewählt, aber das wollte er nie. Für ihn war es immer wichtig, dass es neue Ziele gibt, dass er in seiner Karriere weiterkommt und dass es ihm immer noch genauso viel Spaß macht, wie in seiner Kindheit. Nur weil Thomas an sich glaubte und das auch immer noch tut, steht er da, wo er jetzt angekommen ist.

Und heute, da ist wieder so ein denkwürdiger Tag. Thomas wurde vom Nationaltrainer zum Trainingslager eingeladen. Es erinnerte ihn an sein erstes Fußball-Camp in den Sommerferien vor vielen Jahren. Und dann ging der größte Traum doch noch in Erfüllung. Thomas wurde tatsächlich eingeladen für die Nationalmannschaft zu spielen. Nun durfte er nicht mehr nur Wiesenbruch oder Ehrental vertreten oder zeigen, was er auf dem Fußball-Internat gelernt hat. Es war mehr, als Woche für Woche für seinen Verein zu kicken und für das eine oder andere Tor zu sorgen. Er durfte für sein Land spielen.

Im Publikum saß Marcel. Er hatte seinen kleinen Sohn, der inzwischen schon drei Jahre war auf dem Arm. Marcel lebte mit seiner kleinen Familie immer noch in Wiesenbruch.

Aber das zu sehen, was sich da vor seinen Augen abspielte, war auch für ihn ein Traum. Thomas stahl einem Gegenspieler dem Ball vom Fuß, immer noch so gekonnt wie früher, schmunzelte Marcel.

Das Letzte was dann noch zu hören war, waren laute Jubelschreie.

Marcel schrie: „Tor“ und auf dem Rasen sah er seinen allerbesten Freund Thomas, der viele Freudentränen in den Augen hatte. Beide Freunde waren sehr glücklich geworden, jeder auf seine eigene Art und Weise.

TOOOOOR!

UND WIE WIRD MAN NUN FUSSBALLSPIELER?

Die Geschichte von Thomas ist eine Geschichte von vielen. In vielen kleinen Städten oder Dörfern gibt es kleine Jungs oder Mädchen, die mehr oder weniger zufällig mit Fußball in Berührung kommen. Nicht jeder träumt davon ein Profi zu werden. Und nicht jeder, der dann doch ein Profi werden möchte, kann sich diesen Traum erfüllen. Kinder wie Thomas hatten nicht nur Talent, sondern auch viel Glück. So wuchs Thomas in einer geordneten Familie auf.

Thomas Vater hatte das Talents eines Sohnes scheinbar schon sehr früh erkannt und war auch selbst bereit etwas für seinen Sohn zu investieren. Er suchte einen Verein für Thomas, fuhr ihm zum Training, unterstützte ihn bei den ersten Spielen und tröstete ihn, wenn es mal nicht so gut lief oder wenn Thomas Heimweh hatte. Auch die Zeit auf dem Fußball-Internat, die für Thomas nicht immer nur schön war konnte er vor allem durchstehen, weil seine Familie immer zu ihm stand.

Fußballspielen lernen kann vermutlich jeder.

Erfolgreich wird man aber nur, wenn man hart arbeitet und wenn man schon früh entdeckt, dass das Kicken sehr wichtig ist. Wer Talent und Unterstützung hat, braucht nur noch Disziplin und Durchhaltevermögen.
Und in einem Punkt ist Fußball wie das ganze Leben. Es gibt die Momente, in denen die ganze Fußball-Welt in Ordnung ist. Die Momente, in denen wichtige Spiele gewonnen werden und man vielleicht selbst ein wichtiges Tor erzielt hat.

Es gibt aber auch die Momente, in denen man lernen muss mit Rückschlägen umzugehen, sich wieder zurückzukämpfen. Momente, in denen man sich entscheiden muss, ob man immer noch bereit ist, alles für sein Ziel vom Fußballprofi zu tun. Nicht alle Kinder haben das Glück so behütet wie Thomas aufzuwachsen und sich den Traum zu erfüllen. Fußball ist jedoch ein Sport, der die Menschen zusammenbringt, die Menschen, die ihn anschauen und die Menschen, die ihn betreiben.

Fußball bringt, wenn es gut läuft nicht nur sportliche Erfolge und das nötige Geld zum Leben, schaut man noch einmal auf das Beispiel von Thomas und Marcel zurück, dann bedeutet Fußball auch, Freundschaften fürs ganze Leben zu schließen. Zu wünschen bleibt, dass möglichst viele Kinder, sich ihren Traum vom professionellen Fußballspiel erfüllen können. Dass sie Freunde finden und Unterstützung erhalten und dass gemeinsame Erfolge auch gemeinsam genossen werden können.

Ich hoffe, die Geschichte von
Thomas hat euch gefallen.

Impressum
Tom Wengert wird vertreten durch:
Lukas Harms
Peterstraße 74
52062 Aachen

1. Auflage, 2022
Kontakt: buecher.fragen@web.de

Printed in Poland
by Amazon Fulfillment
Poland Sp. z o.o., Wrocław

27343880R00045